¿CÓMO PUEDO RESISTIR AL MAL?

NICKY GUMBEL

¿Cómo puedo resistir al mal?
Título original: *How Can I Resist Evil?*
Publicado por primera vez en 1993 como parte de *Alpha—Preguntas de la vida.*

© 1993 Nicky Gumbel

Traducción española © 2009 Alpha International, Holy Trinity Brompton, Brompton Road, Londres SW7 1JA, Reino Unido.

Quedan rigurosamente prohibidas, sin la autorización escrita de los titulares del copyright, según las sanciones establecidas en las leyes, la reproducción total o parcial de esta obra por cualquier método o procedimiento, comprendidos la copia y el tratamiento informático, así como la distribución de ejemplares de ella mediante alquiler o préstamo públicos.

Esta edición ha sido publicada mediante un acuerdo especial con Kinsgway. Los derechos de autor de Nicky Gumbel están vigentes según lo dispuesto por la Ley de Patentes, Diseños y Derechos de Autor de 1988 (*Copyright, Designs and Patent Act* 1988).

Edición 2009, traducción de Jaime Álvarez Nistal revisada por Rosa María Leveritt-Santiváñez y José Alberto Barrera Marchessi.

Textos bíblicos tomados de la SANTA BIBLIA, NUEVA VERSIÓN INTERNACIONAL® NVI®. Derechos de autor © 1999, Sociedad Bíblica Internacional®. Usado con el permiso de la Sociedad Bíblica Internacional®. Todos los derechos reservados.

Ilustraciones de Charlie Mackesy

ISBN 978-1-934564-86-8

ÍNDICE

¿Por qué debemos creer en el diablo?	6
¿Qué tácticas utiliza el diablo?	9
¿Cuál es nuestra situación?	14
¿Cómo nos podemos defender?	16
¿Cómo atacamos?	19
Notas	21

¿CÓMO PUEDO RESISTIR AL MAL?

Hay una relación muy estrecha entre el bien y Dios, y entre el mal y el diablo.[1] Tras el poder del bien subyace la Bondad misma. Directa o indirectamente, tras nuestros malos deseos y tras las tentaciones del mundo subyace la personificación del mal —el diablo—.

Dado que hay tanto mal en el mundo, para algunos resulta más fácil creer en el diablo que en Dios. «En lo que se refiere a Dios, no soy creyente [...], pero en cuanto al diablo, la cosa cambia [...]. El diablo se está anunciando continuamente [...], hace muchísima propaganda», declaró William Peter Blatty, el escritor y productor de *El Exorcista*.[2]

Por otro lado, para muchos en el mundo occidental resulta más difícil creer en el diablo que en Dios. Eso es debido, en parte, a una falsa imagen del diablo. Si la imagen de Dios como un anciano de blancas barbas sentado en una nube es absurda y fantasiosa, también lo es la imagen del diablo con cuernos, pezuñas hendidas y cola bifurcada.

Una vez que hemos llegado a creer en un Dios trascendente, es lógico, en cierto modo, aceptar la existencia del diablo.

> La creencia en un gran poder trascendente del mal no añade nada en absoluto a las dificultades impuestas por la creencia en un poder trascendente del bien. De hecho las atenúa ligeramente. Porque si Satanás no existiera, sería difícil resistirse a la conclusión de que Dios es un

desalmado, tanto por lo que hace en la naturaleza, como por lo que permite en la debilidad humana.[3]

Según la visión bíblica del mundo, tras el mal en el mundo está el diablo. *Diábolos*, en griego, significa 'diablo', y es la traducción que se utilizó para la palabra hebrea *satán*. No se nos dice mucho en la Biblia sobre los orígenes de Satanás. Se insinúa que puede ser un ángel caído de los cielos (Isaías 14,12-23). Aparece, en algunas ocasiones, en los libros del Antiguo Testamento (Job 1; 1 Crónicas 21,1). No es sólo una fuerza, sino que está personificado.

El Nuevo Testamento nos ofrece una imagen más clara de sus acciones. Ahí vemos que el diablo es un ser personal y espiritual en rebelión activa contra Dios, y que está al frente de otros muchos demonios como él. Pablo nos aconseja que hagamos «frente a las artimañas del diablo. Porque nuestra lucha no es contra seres humanos, sino contra poderes, contra autoridades, contra potestades que dominan este mundo de tinieblas, contra fuerzas espirituales malignas en las regiones celestiales» (Efesios 6,11-12).

El diablo y sus ángeles, según Pablo, no se deben subestimar. Son astutos («artimañas del diablo», v. 11). Son poderosos («poderes», «autoridades», «potestades», v. 12). Son malvados («fuerzas malignas», v. 12). No deberíamos, por tanto, sorprendernos cuando somos hostigados por el enemigo.

¿Por qué debemos creer en el diablo?

¿Por qué debemos creer en la existencia del diablo?

En primer lugar, porque es algo bíblico. Eso no quiere decir que la Biblia se centre en el diablo. En el Antiguo Testamento, de hecho, Satanás apenas es mencionado.

Es en el Nuevo Testamento donde se desarrolla más completamente la doctrina sobre Satanás. Jesús creía claramente en la existencia de Satanás y fue tentado por él. Expulsaba demonios con frecuencia, liberando a la gente de las fuerzas del mal y del pecado en sus vidas, y dió autoridad a sus discípulos para que hicieran lo mismo. En la oración del Padrenuestro, Jesús nos enseñó a orar: «Líbranos del maligno». El resto del Nuevo Testamento también hace muchas referencias a la acción del diablo (1 Pedro 5,8-11; Efesios 6,1-12).

En segundo lugar, los cristianos a lo largo de los siglos han creído, casi constantemente, en la existencia del diablo. Los teólogos de la iglesia primitiva, los reformadores y los grandes evangelistas, como Wesley y Whitefield, así como una mayoría abrumadora de hombres y mujeres de Dios, siempre fueron conscientes de la presencia real y cercana de las fuerzas espirituales del mal. En el momento en que empezamos a servir al Señor, se despierta el interés del diablo. Los nuevos creyentes pueden sorprenderse al verse tentados con más fuerza después de haber depositado su fe en Cristo.

En tercer lugar, si observamos el mundo que nos rodea, es razonable creer en la existencia del diablo. Cualquier visión del mundo que ignore la existencia de un diablo personificado tiene mucho que explicar: regímenes malignos, tortura y violencia institucional, asesinatos masivos, violaciones brutales, tráfico de drogas a gran escala, atrocidades terroristas, abuso sexual y físico de menores, ocultismo y ritos satánicos.

El 13 de marzo de 1996, Thomas Hamilton, de cuarenta y cuatro años, entró en el gimnasio de la escuela primaria de Dunblane, Escocia, y abrió fuego sobre una clase en la que había niños de entre cinco y seis años. Ésta es sólo una de las muchas masacres escolares que han ocurrido en el mundo en los últimos años. En esta ocasión, una maestra y dieciséis niños murieron, y otros diecisiete niños resultaron heridos. El director del centro declaró: «El mal ha visitado nuestra escuela».

Así pues, la Escritura, la tradición y la razón coinciden en indicar que el diablo existe. Sin embargo, eso no quiere decir que tengamos que obsesionarnos con el tema. Como C. S. Lewis señaló:

> En lo que se refiere a los demonios, la raza humana puede caer en dos errores iguales y de signo opuesto. Uno consiste en no creer en su existencia. El otro, en creer en los demonios y sentir por ellos un interés excesivo y malsano. Los demonios se sienten igualmente halagados por ambos errores, y acogen con idéntico entusiasmo a un materialista que a un hechicero.[4]

En nuestra sociedad actual hay un interés notable por lo demoníaco, llámese espiritismo, adivinación, güija, comunicación con los muertos, astrología, horóscopo, brujería u ocultismo. La participación en estas actividades está expresamente prohibida por las Escrituras (Deuteronomio 18,10; Levítico 19,20ss.; Gálatas 5,19ss.; Apocalipsis 21,8; 22,15). Naturalmente, muchos de nosotros podemos haber participado en algunas de estas actividades en el pasado. Antes de ser cristiano, no creía que hubiera nada malo en el juego de la güija; me parecía algo divertido. Mucha gente también explora estas prácticas porque anda buscando una experiencia espiritual que no sabe dónde encontrar. Sin embargo, afortunadamente, esos pecados no son imperdonables. Si alguna vez nos hemos visto involucrados en cualquiera de esas prácticas, podemos ser perdonados. Necesitamos arrepentirnos y librarnos de todo lo que esté asociado a ese tipo de actividades, como libros, amuletos, DVD o revistas (Hechos 19,19).

Los cristianos también pueden mostrar un interés malsano por estas prácticas. Un cristiano recientemente convertido me mostró, en una ocasión, un par de libros, supuestamente cristianos, en los que todo el énfasis recaía en las acciones del diablo —había mucho espacio dedicado a la especulación sobre el número de la bestia en el Apocalipsis y… ¡su vinculación con las tarjetas de crédito!—. Estoy seguro de que la intención del autor era buena, pero el enfoque que se le daba a la acción del enemigo no me pareció saludable. La Biblia nunca adopta ese enfoque. El centro de atención es siempre Dios.

¿Qué tácticas utiliza el diablo?

El fin último de Satanás es destruir al ser humano. Jesús dijo: «El ladrón no viene más que a robar, matar y destruir […]» (Juan 10,10). El diablo quiere que sigamos un camino que lleva a la destrucción. Con ese fin, intenta impedir que los hombres depositen su fe en Jesucristo. Pablo nos dice: «El dios de este mundo [el diablo] ha cegado la mente de estos incrédulos, para que no vean la luz del glorioso evangelio de Cristo, el cual es la imagen de Dios» (2 Corintios 4,4).

Mientras vayamos por el camino de Satanás y nuestros ojos estén cegados, seremos casi totalmente inconscientes de sus tácticas. Cuando empezamos a caminar por el camino que lleva a la vida y nuestros ojos se abren a la verdad, nos damos cuenta de que estamos siendo atacados. El primer frente de ataque tiene lugar, generalmente, en el área de la duda. Lo vemos en los capítulos iniciales del Génesis, donde el enemigo, bajo la apariencia de una serpiente, le dice a Eva: «¿*De veras* les ha dicho Dios [...]?». Su primer movimiento es incitar a la duda.

Vemos la misma táctica en las tentaciones de Jesús. El diablo se le aproxima y le dice: «*Si de veras* eres el Hijo de Dios [...]» (Mateo 4,3, cursiva del autor). En primer lugar provoca dudas, después tienta. Su táctica no ha cambiado. Aún hoy sigue incitándonos a la duda: «¿*De veras* Dios ha dicho que tal o cual conducta sea mala?», o: «*Si de veras* eres cristiano [...]». El diablo intenta minar nuestra confianza en lo que Dios ha dicho y en nuestra relación con Dios. Tenemos que identificar este origen en muchas de nuestras dudas.

La incitación a la duda fue la acción precursora del ataque principal sobre Eva, en el jardín del Edén, y sobre Jesús, en el desierto. Satanás es descrito, en ocasiones, como «el tentador» (Mateo 4,3), y en el capítulo tercero del Génesis se nos revela cómo actúa.

En Génesis 2,16-17, Dios permitió a Adán un margen de movimiento muy amplio («Puedes comer de todos los árboles del jardín») y sólo le hizo una prohibición («pero del árbol del conocimiento del bien y del mal no deberás comer»). Le advirtió, además, de la pena resultante en caso de desobediencia («el día que de él comas, ciertamente morirás»). Satanás ignora la amplitud del permiso otorgado por Dios y se centra en la única prohibición, que luego exagerará (Génesis 3,1). Su táctica no ha cambiado. Aún hoy ignora el permiso divino. Ignora el hecho de que Dios nos haya proveído de todo en abundancia para que lo disfrutemos (1 Timoteo 6,17). Ignora el privilegio tan extraordinario de una relación con Dios y lo que ésta implica: la transformación de nuestras relaciones, el enriquecimiento de nuestras vidas y las innumerables posibilidades que Dios ofrece a los que lo conocen y lo aman. También ignora todas las cosas maravillosas que Dios concede a todo el mundo: las relaciones humanas, la familia, la creación en su totalidad, la asombrosa belleza de nuestro mundo, el arte, la música, la literatura, el deporte, la comida y la bebida, todos los placeres inocuos, etc. Satanás no nos habla de esas cosas. Se centra, por el contrario, en una lista de prohibiciones minúscula y poco original sobre lo que no está permitido hacer a los cristianos, y nos recuerda, una y otra vez, que no podemos consumir drogas, falsificar nuestras cuentas o ser promiscuos. Hay, relativamente, pocas cosas que Dios no nos permite hacer, y hay muy buenas razones por las que lo prohíbe.

Por último, Satanás niega el castigo. Afirma: «¡No es cierto, no van a morir!» (Génesis 3,4). Sostiene, efectivamente, que desobedecer a Dios no nos hará ningún daño. Nos insinúa que Dios, en realidad, es un aguafiestas, que Dios no quiere lo mejor para nuestras vidas y que, si le obedecemos, nos vamos a perder algo bueno. Sin embargo, lo cierto es todo lo contrario, tal y como Adán y Eva descubrieron. Es la desobediencia la que hace que nos perdamos tantas cosas buenas que Dios había deseado para nosotros.

En los siguientes versículos de la escena del Génesis, vemos las consecuencias de la desobediencia a Dios. En primer lugar, surgen el embarazo y la vergüenza. Adán y Eva se dieron cuenta de que estaban desnudos y comienzan a cubrirse (v. 7). ¿Con qué rapidez querríamos abandonar una sala en la que todas las acciones que hemos hecho fueran proyectadas en una pantalla, y a las que se les añadiera una lista con todos los pensamientos que hemos albergado? En el fondo todos nos avergonzamos de nuestros pecados. No queremos que la gente nos descubra. Una vez, Sir Arthur Conan Doyle, el creador de las historias de Sherlock Holmes, les gastó a doce hombres importantes una broma pesada. Todos eran hombres muy conocidos, respetados y apreciados, y eran considerados como los pilares de la clase dirigente de aquel momento. Sir Arthur envió a cada uno de ellos un telegrama con el mismo mensaje: «Huye inmediatamente. Se ha descubierto todo». En veinticuatro horas, ¡todos habían dejado el país! Prácticamente todos tenemos algo en nuestras vidas de lo que avergonzarnos; algo que no nos gustaría que todo el mundo supiera. Con frecuencia levantamos barreras a nuestro alrededor para evitar la posibilidad de ser descubiertos.

Inmediatamente después del pecado, la amistad de Adán y Eva con Dios se rompió. Cuando vieron que Dios venía hacia ellos, se escondieron (v. 8). Mucha gente en la actualidad huye de Dios. No quiere afrontar la posibilidad de su existencia. Como Adán, tienen miedo (v. 10). Algunos tienen verdadero pavor a ir a la iglesia o a relacionarse con cristianos. Recuerdo que una pareja de nuestra iglesia me habló, una vez, de un jugador de rugby de Australia que pesaba 100 kg y al que habían invitado a su iglesia. Él aguantó durante el viaje, pero poco antes de llegar a la iglesia, empezó a temblar dentro del automóvil. Dijo: «No puedo ir. Tengo demasiado miedo a entrar en la iglesia». No podía mirar a Dios a la cara. Había una separación entre él y Dios, tal y como ocurrió con Adán y Eva. Pero Dios intentó, inmediatamente, atraerlos a una nueva relación. Llamó a Adán: «¿Dónde estás?» (v. 9). Algo que continúa haciendo hoy.

Además, se crea una separación entre Adán y Eva. Adán culpa a Eva, la cual culpa al diablo. Pero, tanto ellos como nosotros, somos responsables de nuestro propio pecado. No podemos culpar a Dios o a los demás; ni tan siquiera al diablo (Santiago 1,13-15). Lo vemos en nuestra sociedad actual. Cuando la gente rechaza a Dios, empieza a luchar entre sí. Miremos a donde miremos somos testigos de las rupturas en las relaciones: matrimonios rotos, hogares divididos, relaciones laborales tensas, guerra civil y conflictos globales.

Por último, observamos, en la descripción del castigo de Dios a Adán y a Eva (v. 14ss.), que habían sido engañados por Satanás. Vemos también cómo este engaño separó a Adán y a Eva de Dios, y les condujo por un camino que, como Satanás sabía desde un principio, les llevaba a la destrucción.

Hemos visto que Satanás es un tentador, alguien que incita a la duda, un embustero y un destructor. Él es también un acusador. En hebreo, la palabra Satanás significa 'acusador' o 'difamador'. Acusa a Dios ante la gente. Dios es culpado por todo. Según Satanás, no se puede confiar en Dios. Además, acusa a los cristianos delante de Dios (Apocalipsis 12,10). Niega el poder de la muerte de Jesús. Nos condena y nos hace sentirnos culpables —no por ningún pecado en particular, sino con un sentimiento de culpabilidad general e impreciso—. Por el contrario, cuando el Espíritu Santo atrae la atención sobre un pecado, lo identifica para que nos apartemos de él.

La tentación no es lo mismo que el pecado. A veces, el diablo nos mete una idea en la cabeza que sabemos que es mala. En ese momento tenemos la opción de aceptarla o de rechazarla. Si la aceptamos, nos situamos en el camino hacia el pecado. Si la rechazamos, hacemos lo que hizo Jesús. Él también «ha sido tentado en todo de la misma manera que nosotros, aunque jamás pecó» (Hebreos 4,15). Cuando Satanás suscitó en la mente de Jesús malos pensamientos, él los rechazó. Pero, con bastante frecuencia, antes de que tengamos la posibilidad de escoger de uno u otro modo, Satanás nos acusa. En un fragmento de segundo, dice: «¡Mírate! ¿Te consideras cristiano? ¿En qué estabas pensando? Tú no puedes ser cristiano. ¡Fíjate qué cosa tan horrible has pensado!». Quiere que asintamos y digamos: «¡Oh, no! Claro que no puedo ser cristiano», o bien: «¡Oh, no! ¡Ya he metido la pata, así que no importa si la meto un poco más!». Llegados a ese punto, empezamos a deslizarnos por una pendiente cuesta abajo; ése es su objetivo. Sus tácticas son las de condena y acusación. Si puede provocar culpabilidad en nosotros, sabe que podemos pensar: «Ya no importa si lo hago o no lo hago. Ya he fracasado». Así que lo hacemos, y la tentación se convierte en pecado.

El diablo quiere que el fracaso sea una constante en nuestras vidas. La primera inyección de heroína puede no ser suficiente para engancharse, pero si uno se la inyecta un día tras otro, un mes tras otro y un año tras otro, acaba volviéndose adicto y dependiente de ella. La heroína se adueña, entonces, de nosotros. Si caemos en un patrón de comportamiento por el que hacemos cosas que sabemos que están mal, estas cosas acaban apoderándose de nuestras vidas. Nos volvemos adictos y acabamos en el camino que quiere Satanás —en el camino que lleva a la destrucción (Mateo 7,13)—.

¿Cuál es nuestra situación?

Como cristianos, Dios nos libró del «dominio de la oscuridad y nos trasladó al reino de su amado Hijo» (Colosenses 1,13). Antes de que fuéramos cristianos, Pablo afirma que estábamos en el dominio de la oscuridad. Satanás nos gobernaba y estábamos subyugados al pecado, a la esclavitud, a la muerte y a la destrucción. Así es el dominio de la oscuridad.

Ahora bien, Pablo asegura que hemos sido trasladados al reino de la luz. En el momento en que nos acercamos a Cristo, somos transferidos de las tinieblas a la luz, y, en el reino de la luz, Jesús es Rey. Hay perdón, libertad, vida y salvación. En el mismo instante en que somos traspasados, pertenecemos a otra persona: a Jesucristo y, por lo tanto, a su reino.

En el año 2003, el club de fútbol español Real Madrid pagó treinta y cinco millones de euros por el traspaso de David Beckham del Manchester United al Real Madrid. Imaginemos que Beckham, ya como jugador del Real Madrid, hubiera recibido un día una llamada de Alex Ferguson —su antiguo director técnico en el Manchester United— en la que le dijera: «¿Por qué no estabas en el entrenamiento de esta mañana?». Él habría respondido: «Ya no trabajo para usted. He sido traspasado. Ahora trabajo para otro club».

De un modo mucho más grandioso, hemos sido transferidos del reino de las tinieblas, bajo la autoridad de Satanás, al reino de Dios, bajo la autoridad de Jesús. Cuando Satanás nos pide que hagamos su trabajo, nuestra respuesta es: «Ya no te pertenezco».

Satanás es un enemigo vencido (Lucas 10,17-20). En la cruz, Jesús «desarmó a los poderes y a las potestades y los humilló en público al exhibirlos en su desfile triunfal» (Colosenses 2,15). Satanás y todos sus secuaces fueron derrotados en la cruz, y por eso Satanás y sus demonios temen tanto el nombre de Jesús (Hechos 16,18): les recuerda su derrota.

La cruz fue la gran victoria contra Satanás, y nosotros vivimos en el tiempo de las «operaciones de limpieza». Aunque el enemigo aún no ha sido destruido y es todavía capaz de causar bajas, sí que ha sido derrotado y está desarmado y desmoralizado. Llegará el día en que Jesús regrese y Satanás sea finalmente destruido.

La situación en la que nos encontramos es similar a la que se vivió, al final de la Segunda Guerra Mundial, entre el día D y el día de la victoria. El día D, 6 de junio de 1944, fue el día de la batalla decisiva que determinó el resultado de la guerra. Después del día D no había dudas reales sobre la victoria que se avecinaba —sin embargo, la guerra todavía no había acabado—. Las operaciones de limpieza continuaron hasta el día de la victoria, el 8 de mayo de 1945. En cierto modo, los cristianos vivimos entre el día D (la cruz) y el día de la victoria (el regreso de Jesús). Satanás es un enemigo derrotado, pero aún anda suelto.

Jesús nos ha liberado de la culpa para que no tengamos que sufrir la condena. También nos ha liberado de nuestras adicciones. Jesús ha roto el poder de esos elementos y nos ha liberado. Acabó con el miedo a la muerte cuando derrotó a la misma muerte y, así, nos ha liberado, en potencia, de todo miedo. Todas estas cosas —culpa, adicción y miedo— pertenecen al reino de las tinieblas. Jesús nos ha transferido a un nuevo reino.

Cuando me hice cristiano, descubrí que fui liberado, casi inmediatamente, de algunas cosas. Sin embargo, hay otras contra las que sigo luchando. Mi batalla no acabará hasta que Jesús regrese. De hecho, ésta es nuestra situación, y es vital que nos demos cuenta de la solidez de la posición en la que nos encontramos, gracias a la victoria obtenida para nosotros por Jesús en la cruz.

¿Cómo nos podemos defender?

Puesto que la guerra aún no ha acabado y dado que Satanás aún no ha sido destruido, tenemos que asegurarnos de que nuestras defensas están listas y en funcionamiento. Pablo nos exhorta a protegernos con «la armadura de Dios para que [podamos] hacer frente a las artimañas del diablo» (Efesios 6,11). Después menciona las seis partes que necesitamos de la armadura. A veces se dice: «El secreto de la vida cristiana es…», pero la verdad es que no hay un único secreto; necesitamos *toda* la armadura.

En primer lugar, necesitamos el «cinturón de la verdad» (v. 14). Esto probablemente se refiera al fundamento de la doctrina y verdad cristianas. Significa asimilar la verdad cristiana en su totalidad (o en la mayor medida posible) al sistema de valores de cada uno. Eso lo conseguimos leyendo la Biblia, escuchando homilías y predicaciones, leyendo libros cristianos y escuchando música cristiana. Eso nos permitirá distinguir lo que es verdadero de lo que son los engaños de Satanás, puesto que Satanás es un «mentiroso y es el padre de la mentira» (Juan 8,44).

En segundo lugar, necesitamos la coraza de la justicia (v. 14). Ésta es la justicia que viene de Dios gracias a lo que Jesús ha hecho por nosotros en la cruz, y la que nos permite relacionarnos con Dios y vivir una vida justa. Tenemos que resistir al diablo. El apóstol Santiago dice: «Resistan al diablo, y él huirá de ustedes. Acérquense a Dios, y él se acercará a ustedes» (Santiago 4,7-8). Todos caemos de vez en cuando. Cuando eso ocurre, tenemos que levantarnos rápidamente. Lo hacemos diciéndole a Dios lo arrepentidos que estamos por lo que hemos hecho, con el mayor detalle posible (1 Juan 1,9). Él promete, entonces, restaurar su amistad con nosotros.

En tercer lugar, también necesitamos calzarnos con la disposición de proclamar el evangelio de la paz (v. 15). Entiendo que eso significa estar disponible para hablar sobre el evangelio de Jesucristo. Como John Wimber comentó a menudo: «Es difícil estar ocioso y ser bueno al mismo tiempo». Si estamos buscando continuamente ocasiones para transmitir la buena noticia, ya contamos con una defensa eficaz contra el enemigo. No es fácil, porque sabemos que se nos observa para ver si vivimos a la altura de nuestra fe. Pero es, al mismo tiempo, un gran estímulo para hacerlo.

La cuarta pieza de la armadura es el escudo de la fe (v. 16). Con éste podemos apagar «las flechas encendidas del maligno». La fe es lo contrario a la desconfianza y al escepticismo, los cuales causan estragos en muchas vidas. Uno de los aspectos de la fe se ha definido como «aceptar una promesa de Dios y atreverse a creer en ella». Satanás disparará sus flechas envenenadas con la duda para debilitarnos, pero, con el escudo de la fe, le resistiremos.

En quinto lugar, Pablo nos anima a ponernos el casco de la salvación (v.17). Como el obispo Westcott —antiguo Catedrático de Teología en la Universidad de Cambridge— señaló, hay tres tiempos de salvación. Hemos sido salvados del castigo del pecado. Estamos siendo salvados del poder del pecado. Seremos salvados de la presencia del pecado. Necesitamos asimilar y comprender estos conceptos tan

importantes para que podamos responder a las dudas y a las acusaciones que plantea el enemigo.

Por último, debemos tomar la «espada del Espíritu, que es la palabra de Dios» (v. 17). En este punto, Pablo se refiere a las Escrituras. Jesús se apoyaba en las Escrituras cuando Satanás le atacaba. A cada ataque, Jesús replicó con la palabra de Dios y, al final, Satanás tuvo que dejarle. Vale la pena aprenderse de memoria versículos de la Biblia con el fin de utilizarlos para vencer al enemigo, y para mantener frescas las promesas de Dios en nuestras mentes.

¿Cómo atacamos?

Como ya hemos visto, Satanás fue derrotado en la cruz y nosotros participamos ahora en las operaciones de limpieza antes del regreso de Jesús. Como cristianos, no tenemos que temer a Satanás; es él quien debe temer enormemente la actividad de los cristianos.

Se nos invita a orar: «Oren en el Espíritu en todo momento, con peticiones y ruegos» (v. 18). Participamos en una guerra espiritual, aunque «Las armas con que luchamos no son del mundo, sino que tienen el poder divino para derribar fortalezas» (2 Corintios 10,4). La oración era una de las mayores prioridades para Jesús, y lo debería ser también para nosotros. Como dice un himno conocido: «Satanás tiembla cuando ve de rodillas al más débil de los cristianos».

También se nos llama a la acción. Volviendo a la vida de Jesús, la oración y la acción estaban estrechamente relacionadas. Jesús proclamó el Reino de Dios, curó a los enfermos y expulsó demonios. Encargó a sus discípulos que hicieran lo mismo. Más adelante, estudiaremos detenidamente lo que eso significa.

Es importante, por el momento, destacar la grandeza de

Dios y la relativa impotencia del enemigo. Como cristianos, no creemos que haya dos poderes iguales y contrapuestos —Dios y Satanás—. Ésa no es la imagen que la Biblia nos ofrece. Dios es el creador del universo. Satanás es parte de su creación —una parte que ha caído—. Es una parte pequeña. Además, es un enemigo derrotado y está a punto de ser aniquilado del todo cuando regrese Jesús (Apocalipsis 12,12).

En una imagen espléndida del libro de C. S. Lewis *El gran divorcio* —en la que se describe el infierno como el lugar en el que operan Satanás y sus demonios—, se narra la llegada al cielo de un hombre y cómo éste es presentado, por su «maestro», a la nueva realidad circundante. El maestro, de repente, se arrodilla, toma una brizna de hierba y, utilizando su extremo afilado como puntero, le muestra, al recién llegado, una grieta minúscula en el suelo, en la que se oculta todo el infierno:

> —¿Me está diciendo que el infierno, toda esa ciudad infinita y vacía, está confinado en una pequeña grieta como ésta?
>
> —Sí. Todo el infierno es más pequeño que una piedrecilla de tu mundo terrestre, e incluso más pequeño que un átomo de *este* mundo, el Mundo Real. Mira esa mariposa. Si se tragara todo el infierno, el infierno no sería lo suficientemente grande para hacerle el menor daño, ni siquiera para que alcanzara a saborearlo.
>
> —Pero, maestro, cuando uno está en él, parece bastante grande.
>
> —Sin embargo, si toda la soledad, iras, odios, envidias y soberbias que contiene fueran concentradas en una sola experiencia y contrapesadas en una balanza

con el momento de alegría más pequeño sentido por la persona más insignificante del cielo, no tendrían peso alguno que pudiera medirse. El mal nunca logra ser tan malo como bueno es el bien. Si todas las miserias del infierno entraran en la consciencia de aquel pájaro pequeñito de color amarillo que está posado en aquel arbusto, desaparecerían sin dejar rastro, tal y como ocurriría si arrojáramos una gota de tinta en el Gran Océano, comparado con el cual, el océano Pacífico de la tierra es sólo una molécula.[5]

Notas

1. N. del T.: En inglés, la única diferencia entre la escritura de las palabras «bien» (*good*) y «Dios» (*God*) es una letra. Lo mismo ocurre con las palabras «mal» (*evil*) y «diablo» (*devil*).
2. Alan MacDonald, *Films in Close Up* (Frameworks, 1991).
3. Michael Green, *I Believe in Satan's Downfall* (Hodder & Stoughton, 1981).
4. C. S. Lewis, *Cartas del diablo a su sobrino* (5ª edición. Ediciones Rialp, 1995), p. 21.
5. C. S. Lewis, *The Great Divorce* (Fontana, 1974), p. 113. Hay traducción española: C. S. Lewis, *El gran divorcio* (Editorial Andrés Bello, 1995).

LIBROS PUBLICADOS POR ALPHA

Títulos disponibles en español:

¿Por qué Jesús? Este folleto de evangelización escrito por Nicky Gumbel corresponde al segundo y tercer tema de Alpha: «¿Quién es Jesús?» y «¿Por qué murió Jesús?». Se usa idealmente como obsequio para los invitados al inicio de Alpha y su lectura es recomendada a todos los participantes. En palabras de Michael Green, es «la presentación de Jesús más clara, desafiante y mejor ilustrada que conozco».

¿Por qué la Navidad? Es la edición navideña de *¿Por qué Jesús?* y es ideal para regalar a todo aquel que viene a la iglesia durante el tiempo navideño. Es, además, el recurso perfecto para promover Alpha en Navidad.

¿Por qué la Pascua? Es la edición de Pascua de ¿por qué Jesús? Se centra en la resurrección de Cristo y es ideal como un regalo gratuito de la iglesia durante la temporada de Pascua.

Temas candentes. Este libro contiene las respuestas que Nicky Gumbel da a las siete preguntas más frecuentes que hacen los participantes en Alpha. *Temas candentes* es para quienes buscan explicaciones a algunas de las preguntas más difíciles y complejas del cristianismo, tales como el sufrimiento, las otras religiones, el sexo antes del matrimonio, etc. Este libro también es para quienes están interesados en hablar a sus conocidos, familiares y amigos sobre Jesucristo. Contiene muchas respuestas útiles, tanto para quienes quieren usarlo como lectura personal, como para quienes lo necesitan como material de referencia para el diálogo en los grupos pequeños.

La fe que vence al mundo. «En junio de 2005, fue un gran privilegio recibir la visita del P. Raniero Cantalamessa, quien inauguró nuestra Conferencia Internacional de Alpha. Su discurso en esa ocasión, "La fe que vence al mundo", ha sido una inspiración para todos los que participamos en Alpha y le estamos enormemente agradecidos por permitirnos publicarla en este folleto» (Nicky Gumbel).

Él y Ella: Cómo establecer una relación duradera. Este libro best-seller por Nicky y Sila Lee es una lectura esencial para cualquier casados o novios. Actualizado y revisado.

El libro para padres de familia. Basándose en su experiencia personal, Nicky y Sila Lee aportan nuevas ideas y tiempo-probados valores para la tarea de criar a sus hijos. Lleno de valiosos consejos y consejos prácticos, el libro sobre la crianza de los hijos es un recurso para los padres a volver una y otra vez.

Si quieres saber más sobre Alpha, contacta:

La oficina de Alpha International
Alpha International
Holy Trinity Brompton
Brompton Road
Londres SW7 1JA
Reino Unido
e-mail: info@alpha.org
alpha.org

En las Américas
Alpha América Latina y el Caribe
e-mail: latinoamerica@alpha.org
e-mail: recursos@alpha.org
alpha.org/Latinoamérica

Alpha Argentina
e-mail: oficina@alpha.org.ar
alpha.org.ar

Alpha Colombia
e-mail: oficina@alphacolombia.org
alpha.org/colombia

Alpha Costa Rica
e-mail: latinoamerica@alpha.org
alpha.org/latinoamerica

Alpha México
e-mail: oficinamexico@alpha.org.mx
alpha.org/mexico

Alpha EE.UU.
e-mail: questions@alphausa.org
alphausa.org

En Canadá
Alpha Canadá
e-mail: office@alphacanada.org
alphacanada.org

En España y Europa
Alpha España
e-mail: info@cursoalpha.es
alpha.org/espana

www.ingramcontent.com/pod-product-compliance
Lightning Source LLC
LaVergne TN
LVHW010617190925
821417LV00002B/8